MEMOIRE
en Images

BOIS-COLOMBES

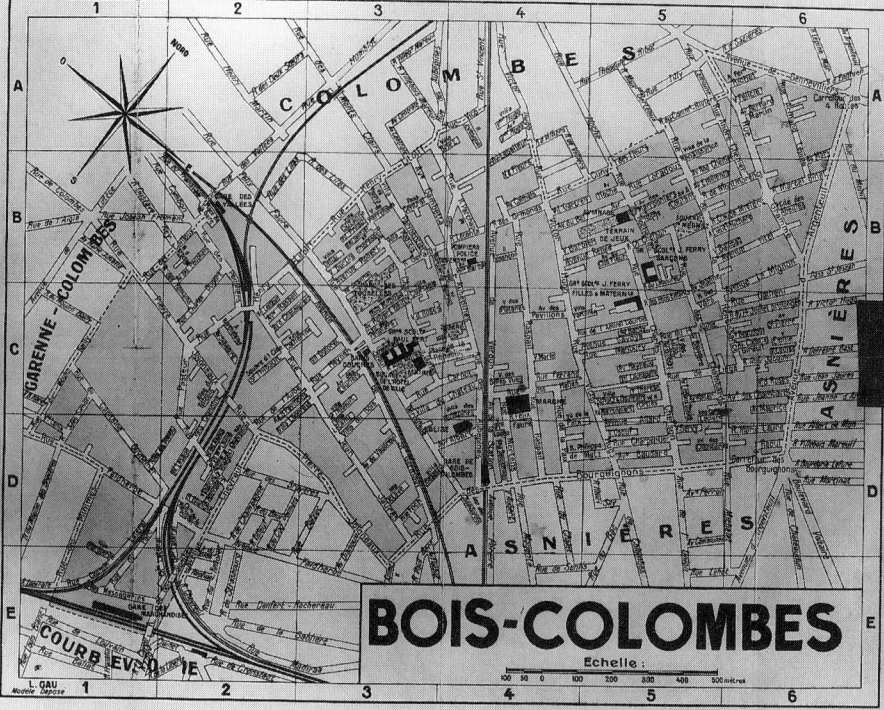

BOIS-COLOMBES

Echelle :

2

MEMOIRE
en Images

BOIS-COLOMBES

François Martin et Michel Toulet

**ALAN
SUTTON**

Editions Alan Sutton
21, avenue de la République
37300 Joué-lès-Tours

Première édition mai 1996
Copyright © François Martin et Michel Toulet 1996

ISBN 2-910444-84-8

Dépôt légal : mai 1996.
Imprimé en Grande-Bretagne par
Redwood Books Limited, Trowbridge.

Table des matières

Bibliographie

Tout autour de Paris, Alexis Martin, 1890.
Etat des communes : Bois-Colombes, 1904.
Des chansons et des vers, A. Leclerc, 1924.
Les aventures du Bruyant Alexandre, Maurice Hamel, 1929.
Histoire de Bois-Colombes, Léon Quenehen, 1946.
Bois-Colombes a 75 ans, Edition municipale, 1971.
Asnières et Bois-Colombes à la Belle Époque, Lucienne Jouan, 1980.
Création de la commune de Bois-Colombes, maîtrise d'histoire, Nathalie Roger, 1991.
Hispano-Suiza, Michel Pollacco, 1993.
Colombes : l'inondation de janvier 1910, Gérard Massault, 1994.
Colombes - Mémoire en Images, Daniel Legros, Editions Alan Sutton, 1995.
Bois-Colombes et son Histoire, Bois-Colombes éditeur, Lucienne Jouan, 1995.
Archives de la commune de Bois-Colombes.
Annuaire officiel des abonnés aux réseaux téléphoniques de la région de Paris, 1909.
Annuaire du commerce Didot-Bottin, 1914.
L'Aubépine-journal, numéros depuis 1952.

Remerciements

L'auteur remercie Robert Jacob et André Thiriot, Bois-Colombiens dans l'âme et collectionneurs ; il remercie également Danielle Benazzouz, archiviste municipale.

Introduction

«Bois de Colombes» que l'on peut retrouver sur certains plans manuscrits anciens, était, avant 1789, un havre de verdure dépendant de l'abbaye de Saint-Denis, à la limite des communes d'Asnières et de Colombes, habité essentiellement de gibier et probablement de charbonniers.

C'était une réserve de chasse et l'on peut retrouver des lettres du XVe et XVIe siècles notifiant la décision royale d'y interdire et d'y punir le braconnage. Par ailleurs, au début du siècle, nos rues Jean Jaurès et Paul Déroulède s'appelaient respectivement : rue de la Côte Saint-Thibault et rue des Carbonnets. La première tirait son nom du patron des charbonniers, l'autre dérivait d'une déclinaison du mot latin *carbo*, signifiant charbon. Dans le bois de Colombes, on produisait du charbon de bois. Déjà, les axes sont tracés : en 1837, la ligne Paris-Saint-Germain fut mise en service. Asnières, en se développant vers le nord, rapprocha ce bois et le rendit moins isolé. Les promeneurs allaient s'y reposer. Les guinguettes y furent les premiers commerces.

En 1851, à l'ouverture de la ligne d'Argenteuil, la spéculation commença sur les terrains qui bordaient la voie ferrée. Des villas furent construites de plus en plus près du petit bois. En 1850, un restaurateur, Auguste Thiefine, vint s'établir au lieu-dit Les Carbonnets et y ouvrit une guinguette. La population s'accrut alors suffisamment pour qu'une station de chemin de fer soit créée, le 1er novembre 1857.

Dès lors, le nombre d'habitants ne fit que croître passant d'environ 300 en 1861, à 1500 dix ans plus tard. En 1896, date de la création de la commune de Bois-Colombes, la population était de 10 000 habitants.

Le 23 août 1866, le conseil municipal de Colombes reconnaissait la nécessité d'édifier une église. La guerre de 1870 ralentit le développement de Bois-Colombes, sa vogue reprit ensuite de plus belle. Dès 1873, les premières idées séparatistes apparurent (le conseil municipal d'Asnières dut s'opposer à un projet de création d'une circonscription, comprenant une partie des territoires d'Asnières et de Colombes). Il fallut plus de vingt années aux séparatistes pour aboutir. Leur principal grief était la négligence de leurs intérêts. La cohabitation ne pouvait être que difficile entre une commune de Colombes, dont la plupart des 1152 hectares étaient couverts de cultures de céréales et de légumes, de vergers et de vignes et le bois de Colombes peuplé de rentiers, de négociants, d'artistes et d'employés se rendant chaque jour à Paris. L'agitation atteint son apogée en 1893, après vingt ans de pétitions, de réunions publiques houleuses et de protestations.

Le 12 décembre 1894, le président du Conseil, ministre de l'Intérieur, Charles Dupuy, déposait un projet de loi "tendant à distraire de la commune de Colombes, la section de Bois-Colombes pour l'ériger en commune distincte." Ce projet rappelait la divergence profonde des intérêts des antagonistes et le fait que le territoire de Bois-Colombes possédait déjà : écoles, marché important, théâtre et gendarmerie. Adoptée par la chambre des Députés et le Sénat en 1895, la loi de création de la commune de Bois-Colombes fut votée le 17 mars 1896.

Les séparatistes s'appelaient Jean Brunet, Calmels, Charles Chefson, Duforet, Charles Duport, Geraldy, Abel Jacquin, Loradoux, Mertens et Auguste Moreau, des noms que nous retrouverons tout au long de cet ouvrage.

29 - BOIS-COLOMBES — La voie du Chemin de Fer et rue des Aubépines

Un train, pris de la passerelle du marché, se trouve en gare de Bois-Colombes. Sur la droite, s'étend la rue des Aubépines (aujourd'hui rue du Général Leclerc). On aperçoit le clocher de l'église, l'entrée de la Villa des Aubépines, non encore viabilisée, et la devanture du pâtissier Carlier.

46. Bois-Colombes. – La Gare, vue extérieure

La gare s'est transformée ! Mais ne reconnaît-on pas l'emplacement des commerces. Seul le bâtiment du fond a aujourd'hui disparu, au profit d'un parking. Au premier plan, la charrette à cheval du déménageur Pierrard.

I

La gare

Nº 192 — *BOIS DE COLOMBES* — *Place de la Gare*

Avec la construction de la gare, le bois de Colombes devint une ville. Dans les années 1830, Émile Pereire révolutionna la banlieue parisienne avec le chemin de fer. Le 26 août 1837, fut inaugurée la première ligne entre Paris et Saint-Germain-en-Laye. Le trajet empruntait l'actuelle ligne des Vallées sans s'arrêter sur le territoire du bois de Colombes. Dans les faits, la station d'Asnières, toute proche, desservait ce bois. La construction de la ligne Paris-Argenteuil fut décidée par ordonnance du roi Louis-Philippe, le 10 janvier 1846. Sa mise en service n'eut lieu qu'en 1851 avec un arrêt à Asnières et un à Colombes. Il faudra attendre 1857 pour l'ouverture de la station Bois-Colombes. Le chef de gare de l'époque, monsieur Boivin, contribua à l'essor du bois de Colombes en ouvrant dans la gare un café-tabac-bazar ! Là, eurent lieu de nombreuses réunions organisées par les séparatistes.

28. BOIS-COLOMBES — Intérieur de la Gare   E.L.D.

Ce cliché a été pris de la passerelle située rue des Bourguignons. Dans le cahier des charges de 1846, l'article 33 spécifiait : *"les locomotives...seront construites sur les meilleurs modèles et devront consumer leur fumée..."*. On distingue l'un des 5 octrois de Bois-Colombes ; il faisait office de bureau central

BOIS-COLOMBES. — Café-Tabac de la Gare

Au début du siècle, le café-tabac de la Gare (aujourd'hui le Louis XV) était tenu par monsieur Mazars. Sur les vitrines, on peut apercevoir différentes affiches de spectacles, notamment de cirque, attraction très prisée à l'époque. H. Mazars était aussi éditeur de cartes postales très recherchées par les collectionneurs actuels. Très souvent, les photographes venaient vendre leurs clichés aux commerçants locaux qui les faisaient éditer.

II

Autour du marché

Avant 1914, le marché était approvisionné en légumes frais par les maraîchers des villes avoisinantes (Colombes, Gennevilliers et Argenteuil). Les halles de Paris étaient trop éloignées pour le fournir. Il était fréquent d'y croiser des Parisiennes, accompagnées de leur bonne, venant acheter des produits frais. Elles prenaient leur train à Saint-Lazare ou Pont-Cardinet. La concession de ce marché, comme celle de Colombes, appartenait à Hippolyte Ancillon. Tous les tréteaux et plateaux étaient marqués à son nom. Celui-ci habitait au 12, rue de l'Église (aujourd'hui rue Raspail) et possédait des abris où les marchands attitrés pouvaient entreposer du matériel. A cette époque, le marché était une haute halle métallique coiffée d'un grand dôme : ce dernier était muni en façade, rue des Halles, d'un cadran d'horloge. Il fut inauguré en juin 1891 et restera en l'état jusqu'en 1956. Ci-dessus, vers 1900, la rue du Chemin Vert, devenue rue des Halles puis rue d'Estiennes d'Orves.

7 — BOIS-COLOMBES. — Rue des Belles Vues

La rue des Belles-Vues, anciennement avenue Saint-Pierre des Belles-Vues du nom d'un lieu-dit, s'appelle aujourd'hui avenue de Verdun. On peut voir sur cette carte de 1900, la passerelle du marché et un panneau publicitaire pour l'horticulteur-fleuriste F. Marrec.

6. Bois-Colombes — Avenue des Belles vues   C. M.

L'avenue des Belles-Vues accueillait, entre autres, la maison Garden-Horticulteur, spécialiste des orchidées.

Voici une belle vue du marché et de la halle, construite dans le même style que les halles de Paris. Sur un panneau, on peut lire l'annonce d'une exposition photographique du 1er au 15 octobre 1907.

Sur la rue des Halles, au coin de l'avenue des Belles-Vues, se tenait un marchand de journaux. Le même immeuble abritait un mont de piété. Le bâtiment fut détruit en 1934, mais le marchand de journaux est resté dans le voisinage.

Il règne une belle animation devant le marchand de journaux Lagrous ; au premier plan, quelques titres évocateurs un jour de courses : *La Veine, Auteuil-Longchamp, L'Écho des courses, Le Jockey, Paris courses.*

La rue des Halles était très animée les jours de marché. On reconnaît, à gauche, l'immeuble du mont de piété.

17. BOIS-COLOMBES — La rue Mertens et le Marché.

Sur la rue Mertens, les marchands déballent leurs produits. Au loin, une voiture est stationnée devant la boucherie. Le mur de l'immeuble est couvert de publicités.

13. BOIS-COLOMBES — Le Marché, rue Mertens   E.L.D.

Encore une vue du marché, rue Mertens. Au fond, se profile le café aux Vendanges de Bourgogne.

41. BOIS-COLOMBES — Rue Mertens

Un peu plus avant dans la rue Mertens se trouve la boucherie Barrier (anciennement boucherie Launay).

BOIS-COLOMBES. Rue Raspail

Dans la rue Raspail stationnent les voitures à cheval des marchands. L'épicerie du Marché fait l'angle.

16

Herboristerie Epicerie du Marché   34 rue Raspail, Bois Colom

L'épicerie du Marché en 1918. Cette dernière fut démolie dans les années 60. Elle était alors tenue par monsieur et madame Hacquart.

48 BOIS-COLOMBES La rue des Halles

La boulangerie des Halles, au coin de la rue Raspail, s'appelait maison Gois.

H. D. 8. BOIS-COLOMBES — Rue Raspail

Le café du Téléphone se situait au coin de la rue Ferrand, face au terrain d'Hippolyte Ancillon. La rue Raspail fut, à l'origine, dénommée rue de l'Église car l'abbé Rampant, pressé d'être le desservant de la première chapelle de Bois-Colombes, avait entrepris, vers 1868, la construction d'une chapelle avec ses propres deniers. Le gros oeuvre fut achevé très rapidement mais le prêtre ne consulta pas les autorités diocésaines et paroissiales et se vit obligé d'arrêter les travaux, le monument, inachevé, fut laissé à l'abandon.

2742. BOIS-COLOMBES — La Rue Ferrand
Association des Dames Françaises   E. M.

La rue Ferrand doit son nom à Stanislas Ferrand, l'un des descendants des premiers indigènes du bois de Colombes. Il était conseiller régional et député de la Seine. Dans cette rue se trouvait le siège de l'association des Dames françaises.

Un groupe de marchands de la halle de Bois-Colombes pose pour le photographe. Nous sommes en 1905.

43 BOIS-COLOMBES – Salle Municipale.

H.S.A.

Au-dessus du marché, se trouvaient deux salles municipales, l'une était réservée aux expositions.

L'autre abritait le théâtre municipal. Achevé en 1904, il fut inauguré le 25 juin 1905 par le préfet de la Seine, en même temps que l'école des Carbonnets et celle des Chambards, devenues, ce jour-là, les écoles Paul Bert et Jules Ferry.

Bois-Colombes. — Rue des Halles   Prod'homme, édit., 54, rue Victor-Hugo, Bois-Colombes

Au bout de la rue des Halles, des passants vaquent à leurs occupations. En arrière-plan, se profilent les villas et les immeubles de la rue Victor Hugo.

III

En suivant la rue des Bourguignons

Au XVIIIe siècle, les chasseurs arpentaient encore les bois de Colombes. A la fin de l'Ancien Régime, les principales voies actuelles étaient déjà tracées. La rue des Bourguignons, carrossable depuis Louis XV, a toujours eu une circulation intense sur les communes d'Asnières et de Bois-Colombes. Ce n'est pas un hasard si l'histoire de la commune commence à cet endroit! Cette carte postale de 1906 représente une partie de la rue de Chanzy, au tout début de la rue des Bourguignons à l'angle de la rue Faidherbe. Au fond, on peut apercevoir le toit du castel de la rue de la Côte-Saint-Thibault (aujourd'hui rue Jean Jaurès).

La rue Pierre Joigneaux, autrefois chemin de la Procession, puis rue de la Procession, doit son nom au journaliste et écrivain, député puis sénateur de la Côte d'Or, venu habiter Bois-Colombes en 1870. Républicain convaincu, opposé au gouvernement de Louis-Philippe, il fit 4 ans de prison. Il combattit ensuite les idées monarchiques de Louis-Napoléon, ce qui lui valut 20 ans d'exil en Belgique. Il fut une aide précieuse pour les "séparatistes".

Sur la rue de la Côte-Saint-Thibault, on peut apercevoir le castel de Bois-Colombes avec son toit caractéristique.

Le photographe a rassemblé les commerçants du début de la rue : un cafetier, un menuisier et un marchand de journaux.

Sur cette partie de la rue des Bourguignons se trouvent quelques commerces et de belles propriétés, à mi-distance on aperçoit le passage à niveau (fermé sur le cliché) de l'avenue de Saint-Germain. Au fond, les immeubles ont aujourd'hui disparu.

2. BOIS-COLOMBES — Passage à Niveau sur la ligne de Saint Germain   C. L. C.

Le passage à niveau se trouve avenue Saint-Germain, aujourd'hui avenue du Révérend Père Corentin Cloarec (prêtre exécuté pendant la Seconde Guerre mondiale). Sur la gauche, stationne une charrette de déménagement.

24 BOIS-COLOMBES - L'Avenue de St-Germain (Près de la Rue des Bourguignons)

H S A

Cette carte, envoyée en 1909, montre l'avenue de Saint-Germain non encore viabilisée. Il fallait monter quelques marches pour accéder à un chemin de terre et atteindre sa maison. La palissade longeait la première ligne de chemin de fer : le Paris-Saint-Germain.

Le restaurant Au Bon Coin était situé du côté d'Asnières, à l'angle de la rue Paul Bert.

A l'angle de la rue des Carbonnets (aujourd'hui rue Paul Déroulède) se tenait le tabac J.Charleux. L'expéditeur de cette carte de 1905 écrit : "Carte absolument ridicule, ne peut intéresser que les personnages y figurant".

Aux premiers numéros de la rue des Carbonnets, à droite, on trouve une boulangerie, puis un commerce à louer et enfin le restaurant de Paris. Sur le trottoir d'en face, se dresse un hôtel. L'illustration de ces commerces vieillissants est probablement la preuve que la zone d'activités commerciales s'est déjà déplacée vers la gare.

L'impasse des Carbonnets porte encore ce nom. Là, se trouvaient les Chantiers de l'Ouest et, sur ce cliché, c'est l'heure de la sortie. Au coin, à droite, la superbe devanture de la Boucherie Guerin.

71 — Bois-Colombes
Rue des Bourguignons — B. F., PARIS

A l'angle de la rue des Aubépines (aujourd'hui rue du Général Leclerc) se trouvait l'immense café-hôtel de Paris. Cette carte du début du siècle montre l'enseigne accrocheuse de la maison : "Electricité, Chauffage central", c'était le luxe et une curiosité ! Après avoir décliné, il a disparu, voici peu de temps.

H. D.   23. BOIS-COLOMBES. — Rue des Bourguignons
et passage à niveau.

Le passage à niveau de la rue des Bourguignons en 1906. La fête annuelle des Bourguignons bat son plein. A cette occasion, concours de gymnastique et courses étaient organisés.

27

A l'angle de la rue des Bourguignons et de l'avenue Pereire (aujourd'hui avenue Henri Barbusse) sur Asnières, prospérait le restaurant Pascal (aujourd'hui Le Départ). Il est possible de voir l'emplacement de la passerelle, au-dessus de la voie de chemin de fer, près de la gare de Bois-Colombes.

Sur la rue des Bourguignons, juste après le passage à niveau et l'avenue Pereire, on peut voir un présentoir à cartes postales sur la droite. Elles étaient alors très en vogues.

En descendant la rue, on débouche sur le carrefour de la rue Mertens, côté Bois-Colombes. Quel attroupement devant la maison Braud! Le patron est devant son commerce. Côté Asnières, à droite, prospéraient les magasins Julien Damoy.

Vers 1905, la Maison Julien Damoy, épicerie fine, pâtisserie et caves réputées était une marque déposée, renommée pour ses produits de qualité.

55. BOIS-COLOMBES. — La rue Mertens

La rue Mertens porte le nom d'un des pionniers de la séparation. Le conseil municipal a octroyé son nom à la rue Mollet en délibération le 9 décembre 1898. Au coin, les apprentis du pâtissier-traiteur Braud posent pour la photo.

26. BOIS-COLOMBES — Rue Mertens

Le charbonnier Verdier se trouvait en face de la maison Braud et à sa gauche, on distingue l'un des octrois de Bois-Colombes. Un marchand de cycles et un bureau de placement gratuit pour les employés et les domestiques occupent le côté droit.

La Maison Charles Le Roy, située au 15 de la rue Mertens, était spécialisée dans les cafés, les thés et les rhums. Sur la vitrine, on mentionnait que la Maison était présente à Paris, Le Havre, et Angoulême.

Au 41, rue des Bourguignons, la cordonnerie Delahaie était connue pour sa devise : "Le bon marché par le grand nombre".

H. D. 15. **Bois-Colombes.** — Rue Raspail

Le 9 octobre 1886, les conseillers de Colombes décidèrent de conférer à la rue de l'Église, le nom du chimiste renommé et éminent homme politique français, François Raspail (1794-1878). La boucherie Toutain était installée à l'angle de la rue des Bourguignons, au numéro 2 de la rue Raspail.

60 — **Bois-Colombes**
La Rue Raspail

B. F., PARIS

La boulangerie Arnold préparait une fournée spéciale le soir, pour servir le pain chaud ! Un peu plus loin à gauche, on distingue l'enseigne d'un couvreur-plombier, monsieur Pfaffli.

33

La famille Salez est réunie au grand complet devant sa menuiserie, située au 24 bis, rue Raspail.

On pose devant la brasserie Lescure, au 55 de la rue des Bourguignons.

Dix ans plus tard, le même numéro sera occupé par une maison du café.

1898. - BOIS-COLOMBES. - La Rue des Bourguignons. - G. I.

Au coin de la rue du Chalet, l'hôtel-restaurant du Chalet était tenu par la famille Peyronnet.

21 BOIS-COLOMBES — La Rue du Chalet

Une photo de la même rue en 1909. Sur la droite, un restaurant fait face au brocanteur.

CHOCOLAT · VINAY

D. W. D.

14. Bois-Colombes. —

A l'angle de la rue de la Paix, passe un rémouleur.

51. Bois-Colombes. — La Rue de la Paix, prise de la rue des Bourguignons

La rue de la Paix est l'une des plus paisibles de Bois-Colombes. A l'angle se trouvait l'épicerie fine E. Demoulin.

C'est un beau cliché de la rue Victor-Hugo. Au niveau de la quincaillerie, à gauche, l'un des octrois de Bois-Colombes contrôlait les allers-et-venus de marchandises.

Sur Asnières, à angle de la rue de Colombes, se trouvait le café-tabac A La Civette.

58. Bois-Colombes. — La Rue des Bourguignons, près de la Rue Charles Chefson

A l'angle de la rue Charles Chefson, prospérait la quincaillerie Coutel. Le coiffeur Chez Bourgon était installé juste à côté, au 105 de la rue des Bourguignons.

23 — Bois-Colombes - *Rue des Chambards*

L'angle de la rue des Chambards. Cette rue a été aujourd'hui rebaptisée rue Adolphe Guyot. La boulangerie Pirouelle, à gauche, se situe au 121, rue des Bourguignons et le coiffeur E. Russeil au 123.

Maison Abadie, Bois-Colombes
Rue des Bourguignons

La maison Abadie est aujourd'hui un commerce de bois au détail, au coin de la rue André Cayron.

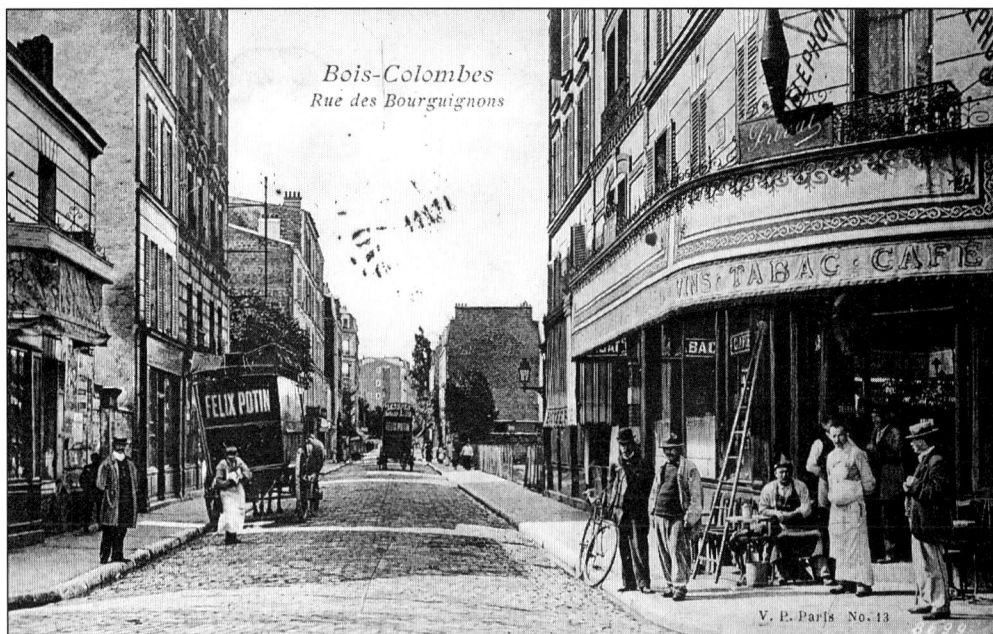

La rue des Bourguignons en 1905. A droite, la maison Privat vendait des vins, du café et du tabac. A gauche, une voiture à cheval des magasins Félix Potin effectuait ses livraisons.

Le carrefour des Bourguignons.

BOIS-COLOMBES. - PLACE DES BOURGUIGNONS ET BOULEVARD VOLTAIRE

5c

RÉPUBLIQUE FRANÇAISE POSTES

Edit. H. Mazars, Tabac, Gare de Bois.Colombes

La commune de Bois-Colombes n'était desservie que par deux lignes de tramways à la limite d'Asnières. La première, la ligne Colombes-Asnières-Madeleine fut ouverte en 1891. Les voies parcourues étaient l'avenue d'Argenteuil, la rue Traversière, la Grande rue et le pont d'Asnières puis la porte d'Asnières et, dans Paris, le boulevard Malesherbes, l'avenue de Villiers, les rues de Constantinople, de Rome, le boulevard Haussmann et la rue Tronchet.

L'autre ligne, Colombes-Saint-Ouen, exploitée par la Compagnie des tramways mécaniques des environs de Paris, fut ouverte en 1900. Elle reliait Colombes, les quatre-routes, Gennevilliers, le Carrefour d'Epinay et le Pont de Saint-Ouen.

IV

Autour de la mairie

10. BOIS-COLOMBES — La Mairie

C'est dans une maison aujourd'hui située au 55, rue du Général Leclerc que furent ouverts, pour une année, les bureaux de la mairie en 1896. Cette demeure appartenait à madame Clert. Un décret présidentiel avait confié à Louis Duforet la charge de gérer la nouvelle commune en attendant les élections fixées au 3 mai 1896. Il avait pour assistants Stanislas Ferrand et Georges Flament. Les élections nommèrent Auguste Moreau maire de Bois-Colombes. Ses premières paroles furent : "*Notre rêve, nous l'avons répété bien souvent, est que Bois-Colombes indépendante constitue une grande famille dont tous les membres soient animés, les uns envers les autres, de sentiments fraternels*". Quant à la mairie, elle prit place, dès 1897, dans un bâtiment attenant au groupe scolaire des Carbonnets. A gauche se trouvait la salle des mariages et, au fond de l'allée, l'état-civil.

2. BOIS-COLOMBES. — LA MAIRIE.

Devant la mairie, une diligence attend probablement certains membres du conseil ayant une réunion à la préfecture.

12   BOIS-COLOMBES. — Panorama de la Place de la République.   P. F.

La place de la République avec son kiosque à musique est aussi la place des fêtes. Au fond, rue du Sentier, se trouve l'emplacement de la mairie actuelle, constituée d'une série de pavillons.

5. — BOIS-COLOMBES. — RUE DU SENTIER.

La rue du Sentier avec, à gauche, deux pavillons : c'est l'actuel emplacement de la perception.
A droite, se trouve un commerce de vins-épicerie.

11 — BOIS-COLOMBES. — Rue du Sentier

Une vue de la rue du Sentier, prise en 1905 de la place des Fêtes. A gauche, le bar de la Mairie,
en face, un terrain qui ne va pas tarder à être construit.

29 BOIS-COLOMBES - La Rue du Sentier et la Rue Guizot.

Voici la même vue, quelques années plus tard. L'immeuble est construit et le commerce est devenu le café de la Place. Au premier plan, pose un groupe de garçons de l'école Paul Bert (anciennement école des Carbonnets).

26. BOIS-COLOMBES — La rue Charles Duflot.

En 1913, le café de la Place fut remplacé par une herboristerie-parfumerie. La rue du Sentier est devenue rue Charles Duflos. A droite, un café-tabac s'est ouvert. On peut remarquer la voiture de livraison des Galeries Lafayette.

A l'angle de la place des Fêtes et de la rue du Sentier, la maison Carbillet est devenue brasserie de l'Hôtel de Ville.

La rue du Sentier, en direction de la place des Fêtes, a été photographiée en 1910. A sa gauche se trouve la Villa des Roses.

Magasin de Vente

Photo De Louys, 84, Rue de Rivoli

— GARAGE —
Meullemeestre — Place de la République

Quelques années plus tard, sur la même rue, l'herboristerie-parfumerie a été remplacée par un Garage.

BOIS-COLOMBES. - Place de la République

Ces deux clichés de la place de la République ont été pris en 1904 par G. Le Breton.

BOIS-COLOMBES. - Place de la République

4. — BOIS-COLOMBES. — PLACE DES FÊTES.

Ce groupe d'élèves de l'école des Carbonnets (Paul Bert à partir de 1905) a été pris, en 1904, par un photographe parisien. Le béret français est à l'honneur ! On aperçoit au fond, la rue des Aubépines avec ses commerces.

16. BOIS-COLOMBES - Le Kiosque à Musique

Attroupement de Bois-Colombiens au kiosque à musique.

V

La rue des Aubépines

22. Bois-Colombes. — Panorama

Ce nom évoque une scène bucolique. Elle est l'une des voies transversales principales de Bois-Colombes. Tout au long de son parcours, elle a accueilli la poste, la gendarmerie, la place des Fêtes, le square, la place Centrale, l'un des octrois et la Ligue de la Sécurité. Elle fut l'objet de spéculations le long du tracé de la ligne de chemin de fer Paris-Argenteuil. Enfin, elle fut toujours proche du marché central et de la gare. Ici, on peut voir la rue des Aubépines, l'emplacement de la passerelle de la gare, la gare et apercevoir le clocher de l'église.

Le grand café de Paris se trouvait à l'angle de la rue des Aubépines. A l'affiche, un spectacle de La Rieuse intitulé : *"Le Chevalier des neiges"*.

A côté du café de Paris prospérait un bazar, spécialisé dans les porcelaines, cristaux, fournitures pour restaurants et limonadiers ; plus loin, était installée une quincaillerie.

1. Bois-Colombes — *La Rue des Aubépines (1)* C. M.

Au 17, se trouvait une succursale de l'Agence immobilière général Sabatier, tenue par H. Ninnin et au 19, un magasin de musique.

45 — Bois-Colombes - *Rue des Aubépin*

Une belle vue de la rue prise en enfilade, le long de la voie de chemin de fer. A gauche, on peut apercevoir l'entrée de l'avenue Albert.

Sur ce cliché, beaucoup de Bois-Colombiens reconnaîtront l'emplacement de la librairie Mallet, à l'époque une boutique de musique.

La rue des Aubépines, à l'angle de la villa des Aubépines : c'est là que siégeait la Ligue de sécurité de Bois-Colombes.

La pâtisserie des Aubépines était tenue par E. Carlier. On doit cette photographie à G. Le Breton, son atelier se trouvait rue du Sentier, à côté du parc des Tourelles.

29 — Bois-Colombes - *Intérieur de l'Église*

B. F., PARIS

Une subvention de 10 000 francs, accordée par le conseil municipal de Colombes en 1866, permit la réalisation d'une chapelle près du chemin des Aubépines, en juillet 1870. Elle ne pouvait contenir que 300 personnes et fut agrandie en 1899.

15. Bois-Colombes — *L'Église*   C. M.

63 — Bois-Colombes - *La Passerelle du Marché* — B. F., PARIS

Un arrêté municipal du 8 décembre 1905 interdisait l'accès de la passerelle aux personnes tractant une brouette ou une charrette à bras. Les landaus étaient tolérés ainsi que les vélos, s'ils étaient portés.

9 — Bois-Colombes - *Rue des Aubépines*

On voit, ici, la rue des Aubépines avec sa palissade le long de la voie de chemin de fer et, plus loin, le marché et la passerelle.

9. BOIS-COLOMBES. — Rue des Aubépines, prise de sur la passerelle.

P. Marmuse.

A l'époque de la photo, la villa du Château, à gauche, n'avait pas encore été viabilisée.

H. D. 41.   BOIS-COLOMBES.   Le Château

Le château était une construction de trois étages, bâtie vers 1857 dans un vaste jardin. Sa propriétaire, madame Bourlet, tenait à Paris, sous le nom d'Alexandrine, une grande maison de mode et de frivolités.

24. BOIS-COLOMBES - La Villa du Château

En 1915, le vaste jardin a rétréci, des constructions y ont pris place et la villa a été viabilisée!

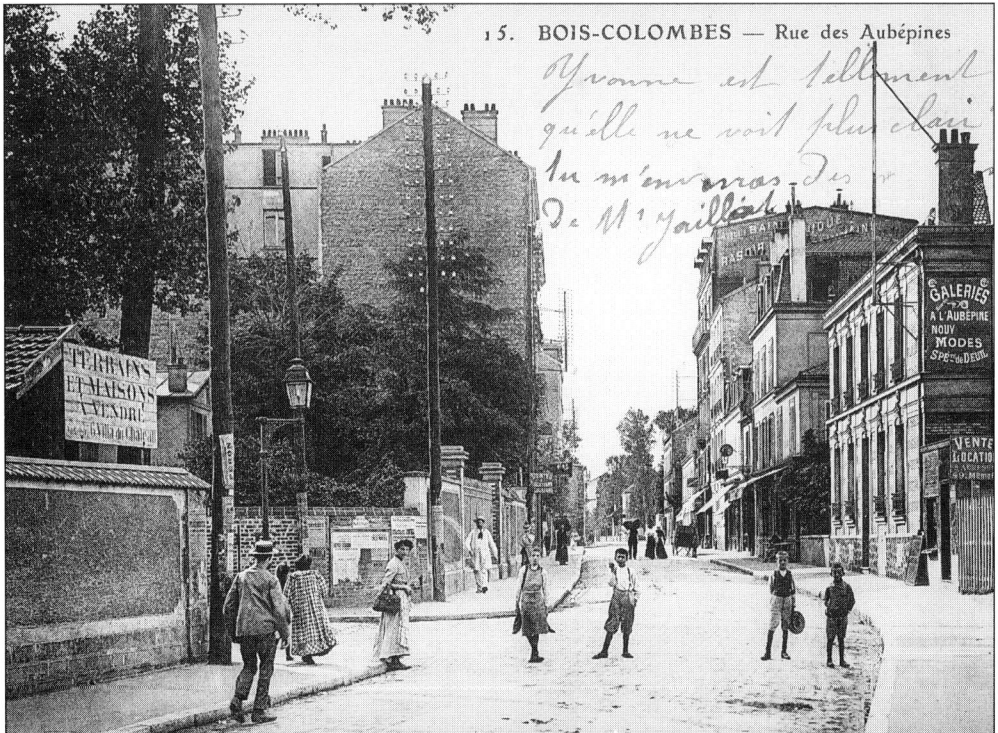

15. BOIS-COLOMBES — Rue des Aubépines

En face de la rue Carnot se dresse une bâtisse étonnante.

Bois-Colombes   Rue des Aubépines

Edition »Trianon« No. 1463. P. M., phot., Reproduction interdite.

Le 12 de la rue des Aubépines semble attirer une clientèle importante!

180 BOIS-COLOMBES - La Rue des Aubépines   C. M.

Cet immeuble, au 12 de la rue du Général Leclerc, existe encore. Deux commerces avaient pignon sur rue : l'épicerie Crouzy et les Galeries à L'Aubépine.

H. D.   37. BOIS-COLOMBES
Rue des Aubépines - Les Postes et Télégraphes

En 1906, la poste se trouvait à coté du square. Cette carte postale a été envoyée par une jeune femme qui écrivait : "Mes débuts dans la Poste sont fixés à lundi 13 août au bureau de Bois-Colombes..." Pour une femme de l'époque, entrer dans la poste, c'était se prêter à un certain nombre de contraintes, par exemple, celles qui voulaient se marier devaient solliciter l'autorisation de l'administration.

68 BOIS-COLOMBES
Le Square - La Poste - P. F.

Le square, aujourd'hui square De Lattre de Tassigny, se trouve sur un terrain donné à la ville en 1896 par madame Désirée Lachon.

Vers 1914, la boulangerie Boulon était installée au 44, rue des Aubépines. On voit les porteuses de pain prêtes à effectuer la tournée.

Aux premiers numéros de la rue Centrale, maintenant rue Gambetta, se tenaient la mercerie-parfumerie, la pharmacie Centrale et le pâtissier Delsol. La livraison d'herbes à la pharmacie-herboristerie était faite à la brouette!

La place Centrale, aujourd'hui la place du 8 mai 1945, voyait prospérer l'épicerie Le Fustec.

Sur le côté droit de la place Centrale, au numéro 48, se trouvait le restaurant Au Vieux Bordeaux ; A côté, un tapissier pose devant sa boutique.

54. Bois-Colombes. Carrefour des rues Parchappe et des Aubépines

L'un des octrois de Bois-Colombes se trouvait au carrefour de la rue des Aubépines et de la rue Parchappe (physiologiste, conseiller municipal à Colombes). A droite, au 113, se tenait l'échoppe d'un couvreur-plombier.

22 BOIS-COLOMBES - La rue des Aubépines, prise de la Rue St-Denis

Le bout de la rue des Aubépines débouche sur la rue Henri Litolff. A droite, une propriété où s'élèveront immeubles et commerces.

VI

La rue Victor Hugo

Le chemin vicinal de Colombes à Asnières est devenu la rue Victor Hugo ; il existait déjà au
VIe siècle où il était relié à la route de Neustrie (aux temps mérovingiens) qui devint la route
de Normandie. Dans une séance du 10 janvier 1886, les conseillers de Colombes décidèrent de
substituer au chemin d'Asnières le nom du grand poète. Au numéro 4 de la rue, un peu en
retrait, se dressait le temple protestant, ce dernier fut inauguré en octobre 1884. Le pasteur
Keck y officia longtemps, il fut remplacé, à la fin des années 1920, par le pasteur Puech.
Racheté et transformé, cet édifice, a maintenant une vocation commerciale.

6 — BOIS-COLOMBES. — Rue Victor-Hugo

Non loin de la rue des Bourguignons, sur la droite, entre les deux piliers de briques, se dresse la villa Osouf.

En 1910, la crémerie Houssais se trouvait 8, rue Victor Hugo, à l'angle de la rue Carpentier. Elle fut remplacée par une brasserie.

Une jolie vue en enfilade de la rue Victor Hugo avec, au coin, le magasin de lingerie et de mode Au Frou-Frou.

Sur cette photo, on voit la même rue prise avant la construction de l'immeuble qui abritera Au Frou-Frou.

13. BOIS-COLOMBES
La rue Manoury

Au 21 de la rue, habitait Philippe Garnier, comédien et grand prix de tragédie en 1888, qui joua dans *Michel Strogoff* au Châtelet.

Bois-Colombes. — Rue Victor-Hugo

La Maison Prod'Homme, installée au 54, rue Victor Hugo, vendait de tout : mercerie, papeterie, maroquinerie, journaux et éditait des cartes postales. A coté se trouvait une épicerie.

Les environs de la rue de l'Amiral Courbet qui doit son nom à un grand marin (1827-1885) oeuvrant dans les colonies françaises en Indochine et ayant établi, en 1883, le protectorat français d'Annam.

Voici une autre vue de la rue de l'Amiral Courbet.

2. BOIS-COLOMBES — Avenue des Pavillons

Non loin de là, se trouve l'avenue des Pavillons.

38 BOIS-COLOMBES
Avenue du Bel-Air

L'avenue du Bel-Air. A droite, au 132, rue Victor Hugo se tient une pharmacie.

La rue Victor Hugo croise, ici, la rue des Ormonds.

La boulangerie Bousquet se trouvait au 143, rue Victor Hugo. Sur la gauche, on entrevoit la rue Cuny.

52. BOIS-COLOMBES
La Rue de Cuny

La rue Cuny descend vers la rue Hoche : à un coin, le coiffeur Richard et à l'autre, la succursale Amiot.

2940. BOIS-COLOMBES - Rue Victor Hugo   EM

La rue Victor Hugo à l'angle de la rue des Ormonds.

VII
De la rue du Sentier à la rue Victor Hugo

BOIS-COLOMBES. - Rue du Sentier

G. LE BRETON, PHOT.

La rue du Sentier s'appelle aujourd'hui rue Charles Duflos. Ce dernier fut maire de Bois-Colombes de 1904 à 1910. Pharmacien, il avait été maire-adjoint du premier maire de Bois-Colombes. Sur les anciennes cartes de chasse, cette rue se nommait le sentier des Carbonnets. Le photographe G. Le Breton se trouvait à gauche, face à la rue Géraldy, près du parc des Tourelles. Ce parc, après avoir été racheté par la ville en 1928, devint public.

Une classe du cours élémentaire de filles de l'école Paul Bert pose dans la rue Géraldy, autrefois rue Parmentier.

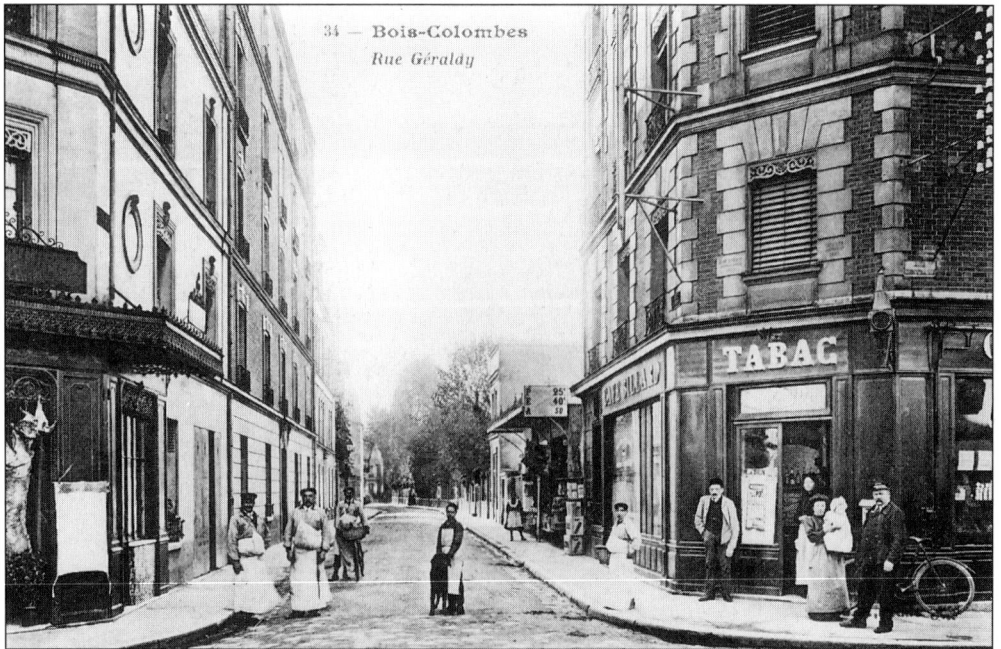

De la place Centrale, on voit la rue Géraldy et ses commerces : la boucherie, le café-tabac et, un peu plus loin, le marchand de peinture et vitrerie.

Le café Central est, ici, bien visible. Sur la droite, on voit la voiture de livraison des Galeries Lafayettes.

Une belle animation règne sur la place Centrale. La voiture à cheval du vidangeur, en arrière-plan, était surnommée le torpilleur des rues.

A gauche du passage à niveau des Ormonds se trouve la maison du garde-barrière.

Le même passage à niveau, pris sous un autre angle. C'est un passage étonnant : la barrière était constituée de deux battants en bois de chaque côté de la voie. A gauche, se tenait une pharmacie qui laissa place à une blanchisserie et, en face, au coin, se trouvaient une épicerie et une agence immobilière.

Une boulangerie occupait déjà le numéro 4 de la rue des Ormonds (actuelle rue Jean Brunet).

Le café-tabac, déjà en activité à l'époque, fait aujourd'hui P.M.U. ; à droite, se tenait une épicerie fine.

Enfilade de la rue Victor Hugo, prise à la hauteur du carrefour des Ormonds.

L'avenue Calmels doit son nom à l'un des premiers habitants de Bois-Colombes. Cette photo date de 1913.

VIII
Autour des Chambards

40. BOIS-COLOMBES — Rue Hoche

Au début du siècle, le quartier des Chambards, au nord de la commune, était essentiellement constitué de champs et de rares maisons. De la rue Victor Hugo, on pouvait voir la Grand-route, bordée d'arbres et la vaste plaine de Gennevilliers avec, pour ligne d'horizon, les hauteurs de Montmorency, d'Epinay et d'Orgemont. Quelques autres chemins le traversaient, parmi lesquels le chemin des Chambards, aujourd'hui rue Gramme, le chemin des Orties, devenu rue des Orties puis rue Charles Chefson et le chemin vicinal menant de Colombes à Asnières, actuellement rue Victor Hugo. Ici, s'étend la rue Hoche qui continue la rue Charles Chefson vers Colombes et était une partie du Chemin des Orties. A droite, avant l'hôtel, se trouvait une cabane de cordonnier.

Bois-Colombes. — Rue Hoche

Bertrand, édit., 4, rue du Laboureur, Bois-Colombes

Plus loin sur la rue Hoche, un hôtel meublé faisait également marchand de vins et traiteur. Celui-ci possédait même un garage à vélos!

40. BOIS-COLOMBES — Rue Hoche

A gauche, un jeu de boules.

50. BOIS-COLOMBES — L'Avenue du Bel-Air

Le jeu de boules de l'avenue du Bel-Air et de la rue Hoche avait ses adeptes. Compte-tenu des bordures relevées du jeu et de la grosseur des boules, il s'agit du "jeu de la Parisienne".

57. BOIS-COLOMBES. — Le jeu de Boules de l'Avenue du Bel Air

Cette photo a la particularité d'être signée par J. Noté, Bois-Colombien et baryton célèbre de l'Opéra de Paris.

Rue Cuny, vivait Alexandre Leclerc dit "le bruyant Alexandre", chansonnier chez Aristide Bruant, avant d'ouvrir son propre cabaret : L'Auberge des Condamnés. Pour son installation, il avait racheté, au moment de la démolition des prisons de la Roquette et de Sainte-Pélagie, les chevrons, grilles et portes de cellules!

BOIS COLOMBES — Rue Loradoux

La rue Loradoux doit son nom à l'un des séparatistes.

La rue des Orties porte maintenant le nom d'un adjoint d'Auguste Moreau, maire, très dévoué à sa commune : Charles Chefson qui s'est éteint en 1903, à l'âge de 63 ans et repose au cimetière de Colombes.

La rue des Orties s'appelait à l'origine, chemin des Heurties, d'après un plan de Colombes de 1784. La boulangerie à gauche, à l'angle de la rue Manoury, existe toujours.

Cette photo de la rue des Chambards (aujourd'hui rue Adolphe Guyot) date de 1906.

La rue des Chambards, à l'angle de la rue des Bons Enfants, en 1907 ; le grand pavillon, au fond, à droite, est aujourd'hui caché.

La même rue est prise ici, dix ans plus tard, au coin de la rue Marie-Laure.

Sur ces deux photos, on peut voir respectivement la rue du 14 Juillet et la rue des Bons Enfants.

A l'angle de la rue des Chambards, Au Rendez-Vous des Amis vous invite à prendre un verre.

La rue du Laboureur est aujourd'hui la rue Marceau Delorme. On aperçoit l'école des Chambards, vers 1904. Il n'y a pas si longtemps, les écoliers pouvaient aller en face, chez Beck, acheter les caramels à 1 franc.

Bois-Colombes. — Rue de la Renaissance 74

La rue de la Renaissance (aujourd'hui rue de l'Abbé Glatz) se trouve à l'angle de l'avenue Le Mignon et de la rue des Vars (rue Marceau Auger, aujourd'hui).

62. BOIS-COLOMBES — La rue de la Renaissance - P. F.

Cette photo montrant la rue de la Renaissance date de 1919.

IX
Le quartier des Vallées

Nous avons déjà souligné l'importance du chemin de fer dans le développement de la commune. En octobre 1897, fut ouverte la gare des Vallées sur le territoire de Colombes. Mais comme elle donnait, en partie, sur la limite de Bois-Colombes sud, elle permit à ce quartier, encore peu urbanisé, de se développer. Nous avons ici une vue générale de la gare avec le côté gauche de la place, sur Bois-Colombes.

L'intérieur de la gare est pris de l'ancienne passerelle.

LE TENNIS DES VALLÉES A BOIS-COLOMBES (GARE DES VALLÉES)

Le tennis des Vallées était situé du 92 au 104, rue Henri Litolff.

21. LES VALLÉES. — La Rue des Cailloux

La rue des Cailloux s'appelle aujourd'hui rue André et Marie-Louise Roure.

H. D. 2. LES VALLÉES. — La rue des Peupliers.

Une jolie vue de la rue des Peupliers, prise de la place des Vallées.

Ici s'étend l'avenue des Peupliers.

Rue des Romains, au numéro 6, se produisait un groupe de jeunes danseurs bretons, le *Korriganed Breiz*.

Le passage à niveau de la rue Pierre Joigneaux photographié en 1909. Le groupe en arrière-plan semble bien imprudent!

La rue de l'Aube se nomme aujourd'hui rue Maurice Pelletier. En arrière-plan, à l'angle des rues Jean Jaurès et Heynen, se trouve encore un superbe pavillon.

BOIS-COLOMBES — La Rue de la Côte-St-Thibault près la Rue de l'Aube

H. S. A.

Nous sommes au croisement de trois rues : la rue de la Côte-Saint-Thibault, la rue de l'Aube et la rue Heynen. A gauche, se trouvait le café A La Cote-Saint-Thibault, il fut remplacé par le restaurant La Boite Aux Lettres. Maintenant, c'est un immeuble d'habitation.

La villa Dubois est prise depuis la rue Jean Jaurès. A gauche, au numéro 12, se trouvait le cabinet d'une sage-femme, madame Peter.

94

Bois-Colombes — Café-Restaurant du Progrès
Maison HEYNEN
72, rue Pierre Joigneaux et 23, rue de l'Aube
* * *
Jardin et bosquets   *Téléphone 36*

Au 23, rue de l'Aube se tenait la maison Heynen.

FERME PASTEUR, A. AMBLARD, 19 rue Pasteur. BOIS-COLOMBES.

Les Vaches aux Champs.

La ferme Pasteur est l'une des dernières de Bois-Colombes.

28 BÉCON — *Avenue de Chevreul et Avenue Faidherbe* — P. F.

L'un des octrois d'Asnières se trouvait à l'angle de l'avenue Faidherbe et de l'avenue Chevreul. Au fond, à gauche, on se dirige vers la gare de Bécon.

X

La rue Henri Litolff

Jusqu'en août 1900, elle s'appela rue Denis Boucher. Gilles Boucher, bourgeois prospère, vint s'installer à Colombes vers 1550. Il détenait de riches arpents aux lieux-dits les Aubépines, les Vallées, les Monts-Clairs, les Carbonnets, la Côte-Saint-Thibault. Il mourut, laissant une fille unique, Denise, qui hérita d'une fortune conséquente. Elle consacra sa vie à donner aux habitants de la paroisse, ses terres à louer, tout en les libérant des redevances seigneuriales. A la Révolution, leurs descendants, acquirent ces terrains contre quelques assignats. Le chemin qui traversait ses terres prit alors le nom de la généreuse donatrice. Nous ne savons pas quand son prénom fut masculinisé. Henri Litolff, né à Londres en 1818, s'installa en France en 1836. On lui doit des Opéras comme Héloïse et Abelard, La Belle au Bois dormant, Les Templiers. Il résidait au 8, avenue Centrale sur Colombes et mourut en 1891. Cette photo nous montre le restaurant Deux Octrois et un dépôt de la société laitière Maggi.

7 BOIS-COLOMBES
La rue du Sentier.

Un marchand de grains et fourrages faisait commerce au 35 de la rue Litolff.

H. D.   27.   COLOMBES. — La rue Henri-Litoff

Voici un superbe cliché de la rue Henri Litolff, à l'angle de la rue Paul Déroulède et de la rue Félix Faure ; à gauche, se trouvait l'auberge A L'Ermitage, aujourd'hui Le Voltigeur.

70 BOIS-COLOMBES — Rue des Carbonnets
près de la Rue Henri-Litolff

Édition Pacault, 129, rue des Carbonnets

La rue des Carbonnets fut baptisée rue Paul Déroulède le 21 février 1915 pour rendre hommage à l'homme politique français et écrivain (1846-1914) qui fonda la Ligue des Patriotes. La maison Pacault au 129, rue des Carbonnets est une épicerie mais aussi un éditeur de cartes postales.

Maison J. PICAL, 110, Rue Henri Litolff (Bois-Colombes)

Cette brasserie avec tonnelles, photographiée en 1907, se trouvait 110, rue Henri-Litolff, à l'angle de la rue des Peupliers.

20. Les Vallées. — Le Passage à niveau & la Rue Henri-Litolff à vol d'ois

Le passage à niveau de la rue Henri Litolff se trouve près du lycée actuel. Au fond, on aperçoit les tonnelles de la maison J. Pical. Le plus haut des deux pavillons, à leur droite, existe toujours.

28. BOIS-COLOMBES — Rue de la Côte St-Thibat

La rue de la Côte-Saint-Thibault est devenue rue Jean Jaurès le 21 février 1915. La librairie, à gauche, existe encore.

XI

La vie locale

Ce chapitre est consacré à quelques éléments de la vie locale comme la poste, la Ligue de la sécurité publique, la gendarmerie, le poste de police, le cimetière, le square, la vie associative, sans oublier Hispano-Suiza. Avant la naissance de la commune, la poste était administrée par Asnières. Bois-Colombes avait néanmoins son propre cachet d'oblitération. En 1898, la poste fut installée sur Bois-Colombes, au rez-de-chaussée d'une maison de rapport appartenant à madame Lachon au 59, rue des Aubépines (aujourd'hui rue du Général Leclerc).

Une photo des facteurs de Bois-Colombes en tournée vers 1907 ; ils posent devant l'école Paul Bert, rue Paul Déroulède.

49 - Bois-Colombes - La Poste

B. F., PARIS

C'est en 1909 que la poste fut transférée à l'angle de la rue Carnot et de la rue des Aubépines. Ce bureau comptera jusqu'à 17 employés dont 10 facteurs! Elle déménagera au 65, rue du Général Leclerc en 1961.

En 1907, la gendarmerie se trouvait au 73 de la rue des Aubépines (aujourd'hui rue du Général Leclerc).

La Ligue de la sécurité publique fut installée au numéro 1 de la villa des *Aubépines* dès 1909. C'était une association de défense reconnue, créée à l'instigation des Bois-Colombiens qui ne supportaient plus le nombre sans cesse croissant des "Fric-Frac".

LIGUE DE SÉCURITÉ PUBLIQUE DE BOIS-COLOMBES.
Le Magasin et une partie de la cour d'ébats. — Les chiens TURC (L.S.B.C), FRANCO (L.S.B.C.)

Une vue de la cour intérieure de la ligue qui comprenait 9 agents et 6 chiens !

La Ligue de sécurité publique de Bois-Colombes fait une simulation : «pincé!»

L'un des agents de la ligue pose avec son chien Printemps.

15 BOIS-COLOMBES - Le Cimetière

Le cimetière se trouve sur un terrain acquis par la commune d'Asnières dans l'ancienne redoute de Gennevilliers le 23 juillet 1896, par adjudication.

Le Square - Un coin très fréquenté — P. F.

Le square, rue des Aubépines à côté de la poste, était toujours très fréquenté.

Le monument aux morts fut construit dans le square et inauguré le 19 novembre 1922 après une souscription ouverte dès 1915. Un concours prima le projet de messieurs Pinchon, sculpteur, et Parenty, architecte.

La section de la Fédération nationale de dévouement et société parisienne de sauvetage de Bois-Colombes pose pour le photographe. Que de médailles !

Née à Bois-Colombes, le 12 janvier 1905, l'Association La Rieuse est une société municipale de spectacles, concerts et bals, ayant son siège à la mairie. Durant les soixante premières années, la troupe présenta plus de 500 spectacles! Sur la photo, l'une des premières actrices, Suzanne Rosellen.

Voici une autre actrice de La Rieuse, madame Bonnefoy. En 1972, l'association prendra le nom de Centre théâtral de Bois-Colombes-La Rieuse. Cette année, La Rieuse s'est inscrite dans le calendrier des manifestations du centenaire de la ville.

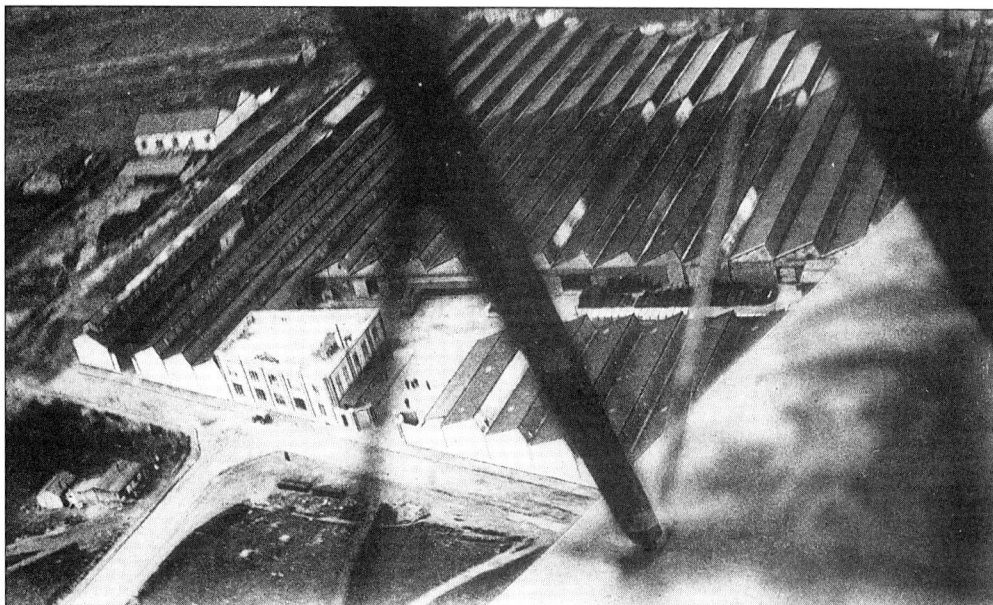

On ne peut parler de Bois-Colombes sans évoquer Hispano! C'est en 1901 qu'une société espagnole, La Cuadra, chargée de créer un omnibus électrique pour la ville de Barcelone, devint la *Fabrica Hispano-Suiza de automoviles* en hommage à la péninsule ibérique et à l'ingénieur suisse Marc Birkigt, à l'origine de l'entreprise. La vocation internationale d'Hispano la poussa à s'installer en France. La Première Guerre mondiale permit à l'entreprise de

développer largement la créativité de Marc Birkigt. Voulant contribuer à l'effort de guerre, Hispano entreprit de construire un moteur d'avion de 8 cylindres en V, qui apparut sur le front dès 1916. L'un des aviateurs les plus en vue de l'époque, Georges Guynemer, lors de son premier essai d'un Spad-Hispano, abattit un avion ennemi, décidant les autres pilotes à expérimenter ce moteur. Les résultats furent tels, que l'aviation de combat française et alliée suivit.

Georges Guynemer, élève mécanicien, commença sa vie militaire comme élève pilote. C'est en juillet 1915, dans l'escadrille des Cigognes, qu'il abattit son premier avion. Le jour de sa majorité, le 24 décembre 1914, le sergent Guynemer reçut la Légion d'honneur! Les Allemands parlent de lui comme d'un *"adversaire redoutable, doté d'un avion ultra-rapide et tireur exceptionnel"*. En juillet 1917, il compte son cinquantième avion abattu. Il sera blessé 8 fois, descendu 6 fois. Le 11 septembre 1917, Guynemer décollera mais il ne rentrera plus !

Entre 1916 et 1918, 50 000 moteurs Hispano vont équiper les avions alliés de la Grande Guerre. Ce cliché montre l'usine à l'époque.

C'est le 22 novembre 1917 que le nom rue du Capitaine Guynemer est donné à la rue de la Réunion. La rue Jules Simon, beaucoup plus tard, sera changée en rue Marc Birkigt.

XII

L'enseignement

D. 28. BOIS-COLOMBES. — Rue des Carbonnets et les Écoles

Jusqu'en 1868, le territoire du Bois de Colombes n'avait aucune école publique. Le 28 novembre 1869, une commission se réunit pour fonder la "société protectrice de l'enseignement" afin de pourvoir, sans distinction de culte, à l'instruction gratuite des enfants de la localité. En 1872, la société fut reconnue par arrêté préfectoral et put se consacrer à la création d'une école. Il fallait trouver les moyens d'installer une classe et rétribuer une institutrice. Les ressources de la société étaient médiocres et le conseil municipal de Colombes refusait les 4 centimes d'impôts additionnels indispensables ! Monsieur Argentie offrit un local au 4 de la rue Jean Jaurès. Ce fut la première école publique de Bois-Colombes. Une vingtaine d'élèves la fréquentèrent au début, le nombre atteignit très vite 80! L'administration départementale accorda 5 000 francs à la société pour ouvrir une seconde école. Une école de filles fut installée rue des Carbonnets, l'école des garçons resta à la Côte-Saint-Thibault. On voit , ici, le groupe scolaire des Carbonnets.

6 BOIS-COLOMBES. — Les Ecoles et la rue Guizot

Plusieurs années passèrent, la population augmentait, la commune de Colombes fit construire le groupe scolaire des Carbonnets en 1888. La commune de Bois-Colombes, prenant le relais de Colombes, eut très vite besoin de créer un groupe scolaire sur la partie nord de la commune : le groupe des Chambards fut construit par décret d'utilité publique du 6 avril 1903, sur des terrains préalablement destinés à un square, rue du Laboureur. Ci-dessus, la rue Guizot, les enfants sortent de classe.

17 BOIS-COLOMBES. Hôpital auxiliaire n° 202. — Rue des Carbonnets. P. F.

L'école Paul Bert fut baptisée en 1905 (elle s'appelait école des Carbonnets à l'origine). Pendant la Première Guerre mondiale, elle devint l'hôpital auxiliaire numéro 202. Un groupe de scouts bois-colombiens pose devant ses bâtiments.

Le groupe scolaire Jules Ferry, anciennement groupe des Chambards, se trouve rue du Laboureur.

113

Face à l'école Jules Ferry, se trouvaient plusieurs commerces.

Le groupe scolaire Jules Ferry a eu, dès le début du siècle, son école maternelle.

Les Classes

Réfectoire

Le cours Maintenon, l'une des nombreuses écoles privées de Bois-Colombes, avait ses locaux au 52, rue Raspail.

L'institution Lemazurier se trouvait 24, rue Pierre Joigneaux.

Longtemps, les écoles privées furent nombreuses et réputées. Elles contribuèrent au renom et à l'attrait de ce "havre de paix".

H. D, 34. **Bois-Colombes.** — Rue de la Paix

Cette institution de jeunes gens se trouvait rue de la Paix.

BOIS-COLOMBES SEINE - COURS BOILEAU - 114, RUE DES CARBONNETS

Cette photo montre le cours Boileau, 114, rue des Carbonnets.

39 BOIS-COLOMBES - La Philotechnique.

H.S.A.

On ne peut oublier le rôle essentiel joué depuis 1878, date de sa création, par l'Association philotechnique de Bois-Colombes. "La Philo" propose un enseignement postscolaire qui suit l'évolution du monde moderne et du marché de l'emploi. Ce cliché montre l'une des adresses de cette institution bois-colombienne, avenue Villebois-Mareuil.

6 BOIS-COLOMBES — La Rue Villebois-Mareuil - Le poste de police
L'Association Philotechnique

XIII
L'année 1910

L'année 1910 fut importante pour toute la France. Il y eut une inondation sans précédent et une grève majeure des cheminots. Le mois de décembre 1909 avait été particulièrement pluvieux, le sol saturé d'eau ne put absorber les pluies de janvier. Celles du 18 au 21 janvier 1910 provoquèrent une crue exceptionnelle de l'Yonne, du Loing et du Grand Morin. La digue de Colombes, haute de 4 mètres, contint la montée des eaux pendant près de 3 jours, puis fut submergée. L'eau se précipita dans les parties basses de la ville de Colombes, touchant le nord de Bois-Colombes.

1070. CRUE DE LA SEINE — Janvier 1910
BOIS-COLOMBES — Le marché transformé en asile pour les Sinistrés

Les salles au-dessus du marché furent transformées en asile pour les sinistrés. Bois-Colombes, malgré tout peu touché, servit de refuge.

Inondations 1910. — Enfants d'Alfortville recueillis par Bois-Colombes

Ce groupe d'enfants d'Alfortville fut recueilli par la ville.

120

Mgr. Amette archevêque de Paris à Bois-Colombes

Lors du sinistre, monseigneur Amette, archevêque de Paris, visita Bois-Colombes en compagnie du curé Collignon.

BOIS-COLOMBES — Souvenir de la visite faite aux sinistrés — Février 1910

Mgr AMETTE
Archevêque de Paris

Mr COLLIGNON
Curé de Bois-Colombes

G. LE BRETON, Phot.

Cette carte fut éditée en février 1910, en souvenir de cette visite !

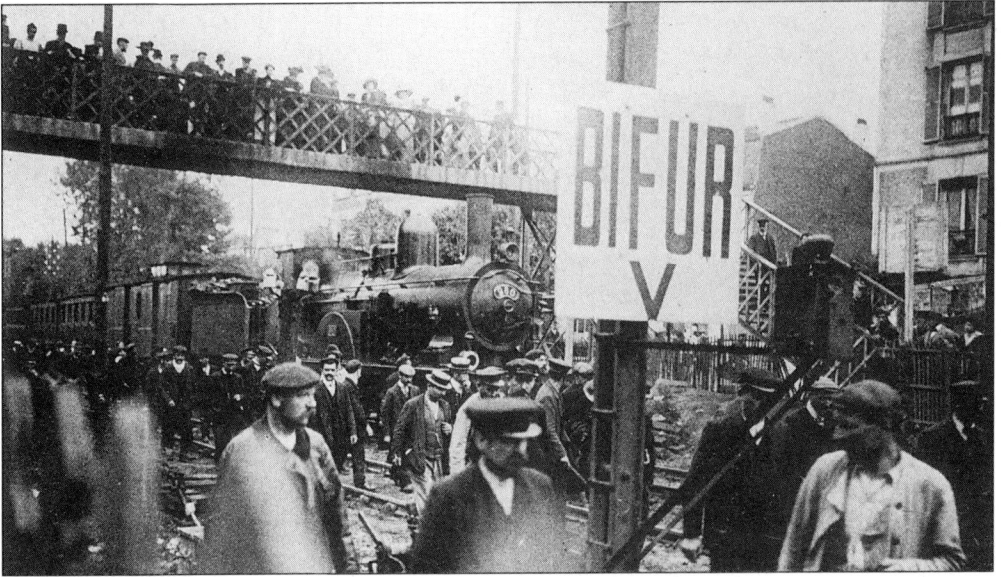

C'est aux ateliers de Tergnier (Aisne), qu'éclata, le 8 octobre 1910, la grève des cheminots. Les revendications principales étaient l'augmentation des salaires ainsi que l'application du régime général des retraites, pourtant voté en 1909. En gare de Bois-Colombes les grévistes venaient arrêter un train.

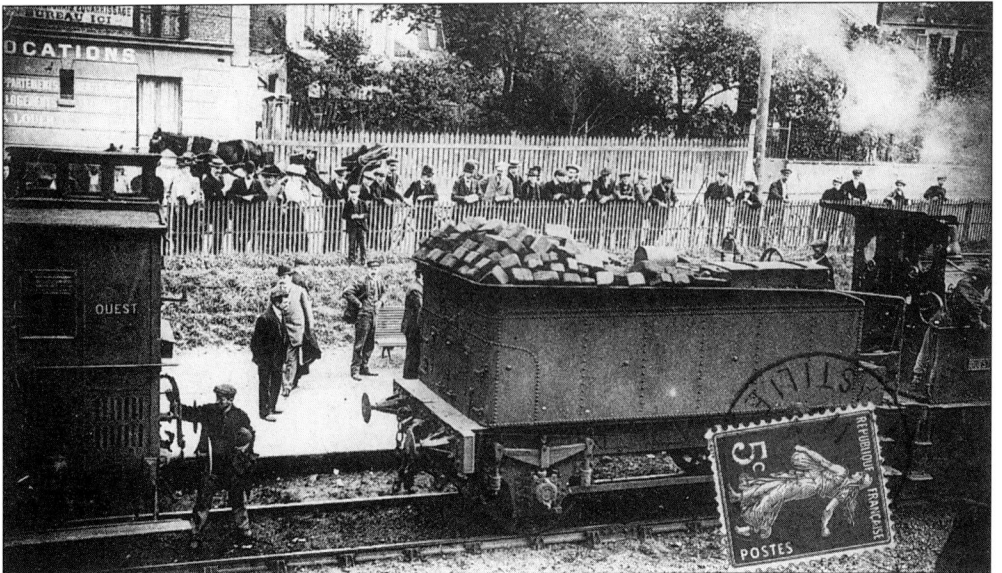

Le mouvement s'étendit très vite à toute la France. Il y eut des sabotages de matériels dans certains dépôts et voies ferrées. On voit ici le passage à niveau des Ormonds durant cette période trouble.

Le passage à niveau de la rue des Bourguignons.

GREVE DES CHEMINOTS (Octobre 1910).
La Gare de Bois-Colombe gardée militairement...

Le gouvernement d'alors envoya la troupe et décréta la mobilisation générale des cheminots.
La gare de Bois-Colombes était gardée militairement.

GREVE DES CHEMINOTS. (Octobre 1910).
Gare de Bois-Colombes. Cuisine de la 9 du 85e de Cosne (Nièvre) (A la Guerre, comme à la Guerre).

Le 85e de Ligne vint de Cosne-sur-Loire (Nièvre) assurer le service d'ordre à la gare de Bois-Colombes. Après de nombreuses négociations, satisfaction fut donnée aux revendications, début 1911. Mais 3 000 cheminots avaient été révoqués ou emprisonnés.

Paris à Lourdes 1910 — Brancardiers de Bois-Colombes

Les brancardiers de Bois-Colombes posent à l'occasion d'un voyage à Lourdes, organisé par la paroisse.

XIV
Quelques photos souvenirs

Groupe de l'A. C. J. F. - BOIS-COLOMBES — Année 1910

Un groupe des Jeunesses catholiques pose ici en 1910.

JEUNESSE CATHOLIQUE de **Bois-Colombes,** 18 Février 1912

Encore une photo de groupe des Jeunesses catholiques, le 18 février 1912. L'abbé Colligno, au centre, avait été installé officiellement à la cure, le 30 août 1897, par l'abbé Fages, vicaire général, archidiacre de Saint-Denis.

AVANT-GARDE de **Bois-Colombes,** 18 Février 1912

Une photo des plus jeunes, le 18 février 1912 : l'abbé Collignon, au centre, avait reçu comme récompense de son dévouement, le titre de chanoine de Notre-Dame de Paris et d'Evreux. Il mourut à Nice, le 25 janvier 1918, dans sa 65e année.

126

Sur cette photo posent les orphelins de guerre de Bois-Colombes du groupe l'Eglantine.

69 BOIS-COLOMBES — La Clinique de la Rue de la Côte Saint-Thibaut
L'Hôpital auxiliaire N° 236 — P. F.

L'hôpital auxiliaire numéro 236, clinique de la rue de la Côte-Saint-Thibault oeuvra pendant la Grande Guerre.

Dans la même collection